LES

LETTRES ANIMÉES.

PARIS. — IMPRIMERIE SCHNEIDER, RUE D'ERFURTH, 1.

LETTRES ANIMÉES

Amédée BEDELET Libraire.

LES LETTRES ANIMÉES.

ALPHABET

AVEC EXERCICES RÉCRÉATIFS

Ouvrage nouveau dédié aux Enfants,

PAR

EUGÈNE HOUX-MARC.

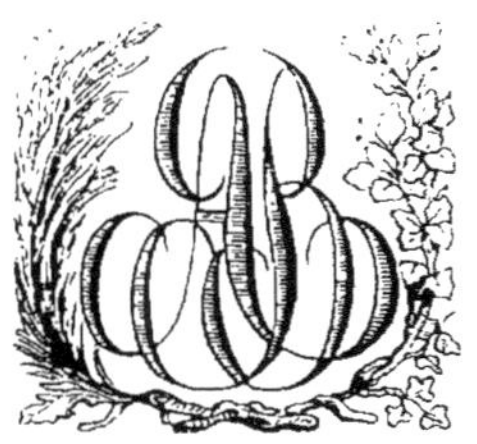

PARIS,

AMÉDÉE BÉDELET, ÉDITEUR,

20, RUE DES GRANDS-AUGUSTINS.

1850

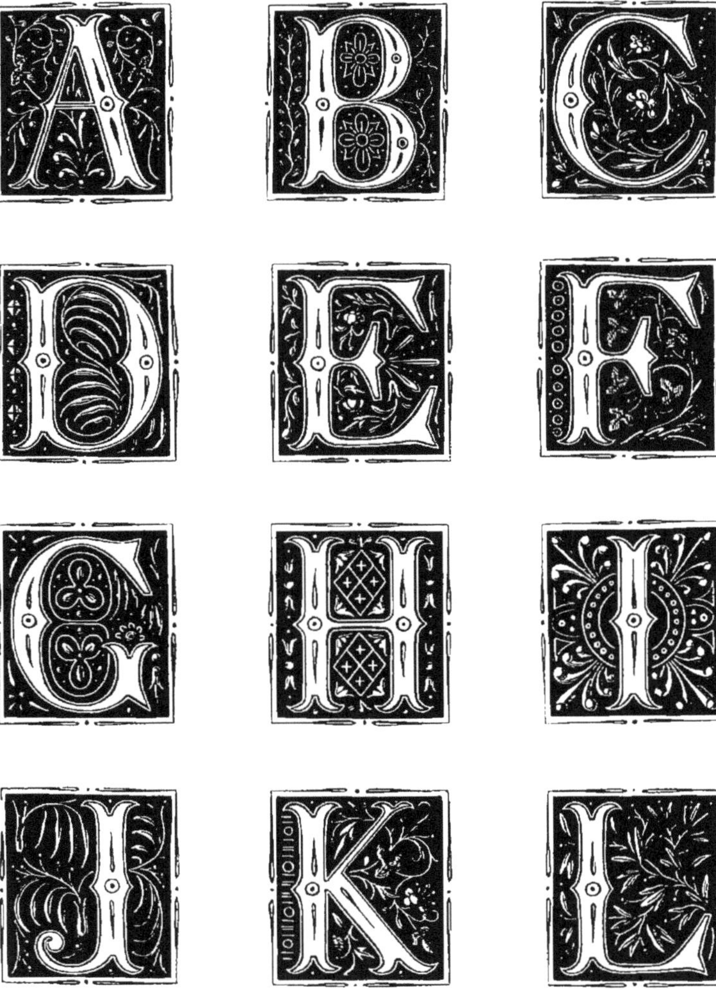

MINUSCULES.

a b c d e f g
h i j k l m n
o p q r s t u
v x y z æ œ w

RONDE.

a b c d e f g
h i j k l m n
o p q r s t u
v x y z ae oe w

MAJUSCULES ANGLAISES.

—

A   B   C   D

E   F   G   H

I   J   K   L

M   N   O   P

Q   R   S   T

U   V   X   Y

Z   W   &   &^{ca}

EXERCICES.

Voyelles.

a, e, i, o, u, y.

Consonnes.

b, c, d, f, g, h, j, k, l, m,
n, p, q, r, s, t, v, x, z.

Trois manières de prononcer E.

e muet. é fermé. è ouvert.

Leçon, Parole, Bonté, Café. Père, Mère.

Accents.

Aigu. Grave. Circonflexe sur **a e i o u.**

Été. Prière. Âne, fête, gîte, trône, flûte.

ALPHABET ANIMÉ

ou

ARABESQUES ALPHABÉTIQUES.

Aspect Agreste.

—

Aimez à Apprendre.
Apprenez Avec Ardeur.

Bon Berger.

—

Bavardage Blesse Beaucoup.

Charmant Canard.

—

Conduite Coupable Coûte Cher.
Conduite Chrétienne Charme Chacun.

Dédaigneux Dindon.

—

Distraction Détourne Du Devoir.

Épais Éléphant.

—

Étudier est Estimable.
Emportement Éloigne. Empresse-
ment Enchaîne.

FAUCON FIDÈLE.

—

Fausseté Fait
Fatalement Finir.

GENTILLE GAZELLE.

—

Grande Gravité Glace.
Gracieuseté Gouverne.

HEUREUX HAMEÇON.

—

Honnêteté Honore.
Honte Humilie.

INDUSTRIEUX IROQUOIS.

—

Ignorance Inévitablement Irrite.
Instruction Immortalise.

Jolis Jeux.

—

Jeunesse Juge Journellement,
Jugez Judicieusement.

Kan. Kalmouk

—

Venant des monts Krapacks, le Kan
des Kalmouks à chaque Kilomè-
tre goûtait du Kirsch.

Louable Lecture.

—

Lisez : le Labeur Lance Loin.
Long Loisir Laisse Languir.

Moutons Mangeant.

—

Mensonge Multiplie Mensonges.
Médire Mortifie.

Navire Naviguant.

—

Niaiserie, Nullité Nous Nuisent.
Ne Négligeons Nullement Notre
Naturel Nonchalant.

Orage Obstiné.

—

Obéissance Officieuse Oblige.
Opiniâtreté Obsède.

Paon Précieux.

—

Pécher Par Perversité Perd.

Quelques Quilles.

—

Quittez Quelqu'un Qui Querelle.

Réjouissante Réunion.

—

Réflexion Raisonnable
Rapporte Réussite.

Serpent Sifflant.

—

Soyez Sages, Sans Sagesse Santé
S'éloigne.

Toupie Tournant.

—

Toute Trahison Trahit Toujours.

Uniforme Utile.

—

Unissez-vous Universellement.
Uniformité Unit.

VAILLANT VAUTOUR.

—

Vanité Viciera Vos Vertus.

XANDARUS HEUREUX.

—

réfleXion fiXe, luXe veXe.

YOLE. voYAGEANT.

—

EssaYez, déploYez vos moYens.

ZÈBRE ZÉPHYR.

—

Terminons notre tâche avec Zèle.

Alphabet Animé, Antipathique Aux Appliqués Avec Avis Adressés Aux Ages Aimables, Aimant a Apprendre Avec Amusement.

BATAILLE — BRAVE BLESSÉ — BARBARES
BÉDOUINS BIEN BATTUS.

Charmant Canal, Celui-Ci Coule, Celui-la Cabriole. Canards Capturés.

Certain Cachot Corrigera Cette Conduite Coupable.

DÉPLORABLE DÉTRESSE. — LES DEUX DRÔLES DISSIPÉS DÉRIVANT
DÉSASTREUSEMENT DANS DES DÉTROITS DÉSERTS.

Exercice Entre Écoliers Échappés. Espingole Enrouillée Éclatant
Explosion Effrayante. Effet Évident Exposé En Exemple.

FANTASMAGORIE FORAINE. FLANEUR FRIPONNÉ. FILOU FLAMBÉ.

Grand Guet-apens. Gueux Groupés. Gendarmes Guettant.
Gare, Gentils Gaillards.

Hardi Héros, Happant, Happé.

INSTRUCTION INTÉRESSANTE. INCLINAISON INDIQUÉE.
INTRODUCTION IMMÉDIATE.

JEUNES JOUVENCEAUX JUGEZ!

Ne vous écartez pas sans guide du toit paternel, les accidents vous entourent.

Kiosque.

Lac Léman. Lycéens Laborieux Longeant Le Littoral.

MAGNIFIQUES MONUMENTS MUTILÉS.

NUL N'IGNORE NAPOLÉON

OGRE OPÉRANT.

Qui se sert de l'épée, périra par l'épée.

POLICHINEL PERCÉ PAR PIERROT POUR PLUSIEURS POMMES PRISES PAR
PERFIDIE. POUR PAREILLE PERVERSITÉ, PIERROT PÉRIRA PENDU.

Queue.

RAISONNABLES RÉJOUISSEZ-VOUS. REBELLES RÉFLÉCHISSEZ

Source Sauvage, Serpent Sautillant, Singe Sanglant ; Stanislas,
Soldat, Survenant, Soulage Sa Souffrance.

TIREZ, TOURNEZ TOUJOURS! TOUT TOUR TOUCHE. TRICHEURS, TREMBLEZ,
TOUTE TRICHERIE TRAHIT TOUJOURS TOUT TROMPEUR.

UNE UNION UNIVERSITAIRE.

Victime Volontaire, Voulant Voir.

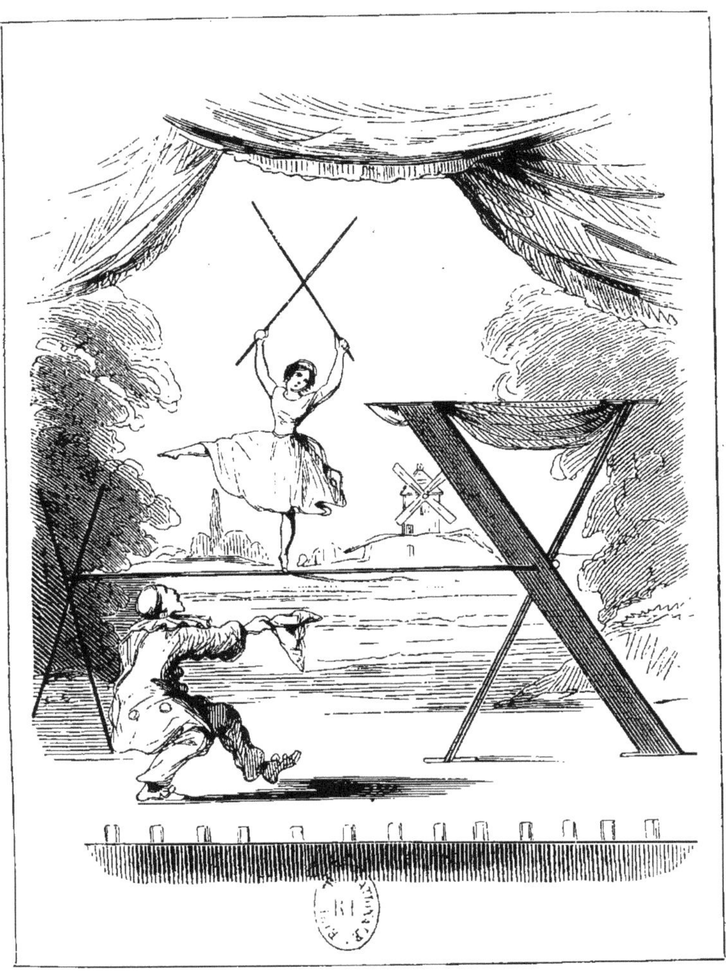

Xyste. lieuX précieuX auX jeuX vigoureuX.

Yacht. — Yole.
Zizanie.

SYLLABES.

—

A.

Ab-ba, ac-ca, ad-da, af-fa, ag-ga, ah-ha, aj-ja, ak-ka, al-la, am-ma, an-na, ap-pa, aq, ar-ra, as-sa, at-ta, av-va, ax-xa, az-za.

Plusieurs syllabes forment un MOT.

Papa attrapa un ara, en Arménie, où il alla sur le mont Ararat.

E.

Eb-be, ec-ce, ed-dè, ef-fè, eg-ge, eh-hé, ej-jè, ek-kê, el-le, em-mé, en-nè, ep-pê, eq, er-re, es-sé, et-tè, ev-vê, ex-xe, ez-ze.

Pierrot est repêché près de l'étang où l'on a pêché ; lui aussi a péché, mais non pas parce qu'il a pêché du poisson ; il a péché, parce qu'il a, chez le voisin, pêché des pêches sur un pêcher, ce qui est un gros péché ; mais il a le gosier bien empêché, parce que, comme on l'a empêché, il s'est trop dépêché de dépêcher les pêches du pêcher.

Eu, œu, ent, ai, ei, et, est, er, ez.

Ne soyez pas *entêté*, un mauvais suj*et* l'*est* seulement.
Votre *sœur* fait mi*eux*, elle pr*ête* l'oreille aux bons
cons*eils*, allez avec *elle*, voy*ez* ce qu'*elle* fait, *et* tâch*ez*
de l'imit*er*.

I.

Ib-bi, ic-ci, id-di, if-fi, ig-gi, ih-hi, ij-ji, ik-ki,
il-li, im-mi, in-ni, ip-pi, iq, ir-ri, is-si, it-ti, iv-vi,
ix-xi, iz-zi.

Y a le son de deux I.

*Y*acoub, joy*eux* marin, voy*ez* sur la rive si la *y*ole
y est.
Si vous l'*y* voy*ez*, voyageons, et jet*ez* les *y*eux sur
le pa*ys*, c'est le bon mo*y*en d'apprendre.

Sons identiques du son IN.

Im, ein, eim, ain, aim.

Le d*aim* broute le th*ym*.
Le p*ain* est très-s*ain* pour apaiser la f*aim*.
L'eau, le mat*in*, rafraîchit le t*eint*.

En IN.

Arlequ*in* mal*in* v*int* le mat*in* dans le jard*in* manger

le rais*in* du médec*in*; mais le dest*in* fait qu'un mât*in*
trahit le larc*in*, et le gourd*in* d'un vois*in* corrige le
coqu*in* et met f*in* au fest*in*.

O.

Ob-bo, oc-co, od-do, of-fo, og-go, oh-ho,
oj-jo, ok-ko, ol-lo, om-mo, on-no, op-po, oq,
or-ro, os-so, ot-to, ov-vo, ox-xo, oz-zo.

Qui va pia*no* va sa*no*; au jeu de domin*os*, comptez
les numé*ros* de peur de faire zé*ro*.

Au, eau, eaux, os.

A pro*pos*, si vous êtes dis*pos*, allez *au* château, près
de l'encl*os*, en h*aut*, derrière un rid*eau*; sur un soliv*eau*
vous trouverez un gât*eau* assez b*eau*, prenez-en un mor-
c*eau* pas trop gr*os*, sinon gare à votre d*os*.

U.

Ub-bu, uc-cu, ud-du, uf-fu, ug-gu, uh-hu,
uj-ju, uk-ku, ul-lu, um-mu, un-nu, up-pu, uq,
ur-ru, us-su, ut-tu, uv-vu, ux-xu, uz-zu.

Lustucru, jouff*lu*, il a p*lu*, prends-*tu* de la g*lu*, *un*
oiseau, je l'ai *vu*, a pa*ru*, si *tu* ne l'as pas aperçu, c'est
que *tu* ne l'as pas vou*lu*, n'étant pas aussi réso*lu* que
je l'avais c*ru*.

Ai, ia, au, an, ei, ie, eu, ieu, en, ien, ian, io, oi, on, oin, ou, oui, ui, iun, un, uin.

Le chien vient, s'il nous voit au loin, soyons agréables avec lui, ayons soin qu'il soit bien traité.

Louons, glorifions Dieu, ayons recours à lui en tous nos besoins, n'oublions pas de le remercier dans toutes nos prières.

Consonnes doubles.

bl.   br.   cl.   cr,   fr.   gr.   gl.
Blé, bras, clou, crin, frac, grain, gland.

pl.   pr.   st.   tr.   vr.
Plat, prix, stuc, trou, vrai.

Le grand travail produit des fruits éclatants, cherchons à préparer notre esprit à apprendre; plus nous marcherons studieusement dans un plan ainsi tracé, plus le travail deviendra commode.

C'est, croyez-moi, le vrai chemin pour arriver à plaire.

ch.   gn.   ll.
Chou, grognon, fille.

Poli*ch*ine*ll*e avec ses compa*gn*ons *cherch*ait son *chi*en qui s'était *caché*, pendant que l'é*cl*air bri*ll*ait et si*ll*on-nait la nue. Il le trouva, savez-vous où? Sous des *ch*oux.

Ph. son identique de F.

Le *ph*énix était un *ph*énomène contraire aux *phr*ases de la *ph*ysique, la planète *Ph*œbus en renferme des *ph*a-ses que les *ph*iloso*ph*es *Ph*rygiens n'ont pu expliquer dans les *phr*ases de leurs écrits.

Th. son identique de T.

*Th*éodore, venez au *th*éâtre, après nous prendrons le *th*é avec *Th*érèse.

C comme ss avant E. I.

Commencer à s'exercer de bonne heure, c'est avancer les succès; il faut se forcer, car si l'on balance il faut renoncer à se placer avant les autres et à se voir effa-cer; cet exercice est facile.

C comme ss avant A O U, avec l'addition d'une cédille.

Ma leçon, je m'en aperçois, mon petit garçon, ne vous plaît en aucune façon; mais en vous forçant un peu, elle sera perçue avec facilité.

C dur devant A O U.

Il était *c*urieux et *c*omique de voir *C*assandre *c*ouper d'un air *c*apable, avec son grand *c*outeau, les *c*ôtelettes que la *cu*isinière *C*olombine faisait *c*uire dans la *c*asserole, pendant que ce *c*oquin de Pierrot mangeait le *c*afé et les œufs à la *c*oque.

Coco, le singe, *c*opiait ses gestes.

Sons identiques de C dur.

Les *K*abyles étant entrés dans le *k*iosque où se *c*achaient les poules, le pauvre *c*oq, *Coquorico*, fut *c*roqué tout *c*ru.

G dur devant A O U.

Enfants *g*âtés, *g*ardez-vous de trop vous ré*g*aler de *g*âteaux, y *g*oûter suffit : la *g*ourmandise ne convient qu'aux petits *g*arçons mal *g*uidés par leurs *g*oûts.

G. son identique de J par l'addition d'un E devant a, o, u.

La *G*in*g*eole, s'efforçant à jouer du fla*g*eolet devant *G*eoffroy le *g*eôlier, devint rou*g*eaud ; il avait ga*g*é plusieurs pi*g*eons.

T prononcé comme SS entre deux voyelles.

Dans cette exposi*tion*, nous avons fait l'exhibi*tion* d'allocu*tions* tirées de notre inspira*tion*. On comprend que cette composi*tion* d'éduca*tion* ne présente pas une élabora*tion* exempte d'imperfec*tions*. Cependant, ne jugez pas avec précipita*tion*, nous avons pris toute précau*tion* pour éviter les interpella*tions*, cela nous a donné de l'occupa*tion*; si vous attaquez notre concep*tion*, nous vous ferons la proposi*tion* de prendre la récréa*tion* de faire une imita*tion* dans ce genre de disserta*tion*; faites bien atten*tion* que l'applica*tion* est plus difficile que l'argumenta*tion*. Que notre observa*tion* ne nous attire pas d'admoni*tion*, nous ne mettons pas de provoca*tion* dans cette ac*tion*; mais, pour arriver à la concilia*tion* et à la cessa*tion* de toute objec*tion*, espérons que notre inten*tion* de vous donner quelques distrac*tions* méritant considéra*tion*, nous acquérerons quelques félicita*tions* et nous forceront à la réimpression d'une autre édi*tion*, c'est alors que nous ne trouverons pas dans notre imagina*tion* de locu*tions* pour la manifesta*tion* de notre satisfac*tion*.

Tout ici-bas a une fin ; les choses bonnes comme
les mauvaises ; on regrette la fin des premières, on
désire hâter celle des secondes ; de peur qu'on ne
range notre œuvre dans les choses imparfaites, nous
ne voulons pas donner un ouvrage sans